...en la ciudad

Por la mañana temprano
hay que ir a la escuela.

lápiz

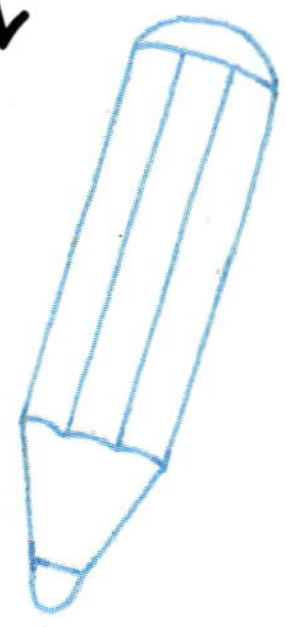

señal de tráfico

reloj

pizarra

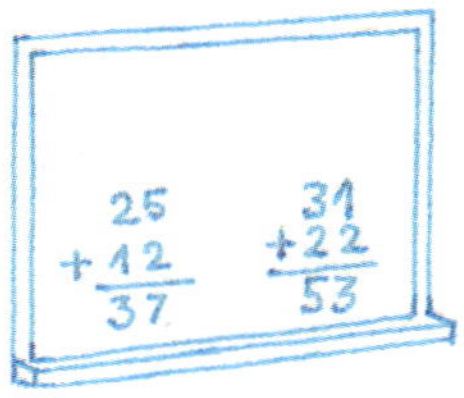

cartera

En las ciudades viven muchas personas y cada una hace su trabajo.

cesta de la compra

escalera

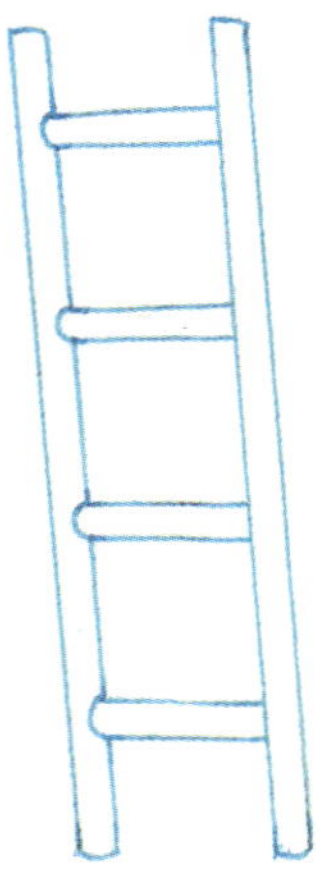

bote

camiseta

contenedor

jaula
señal de tráfico
buzón
coche
cubo
4

Cuando hace buen tiempo, da gusto estar en el parque.

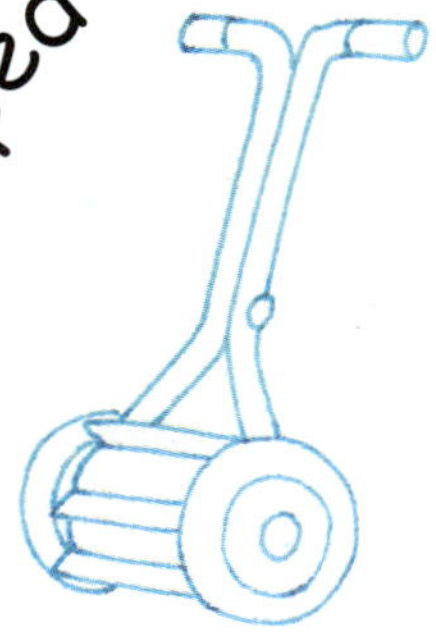

cortacésped

barco

monopatín

tobogán

bicicleta

casete

estatua

cámara de fotos

museo

maleta

jeringuilla

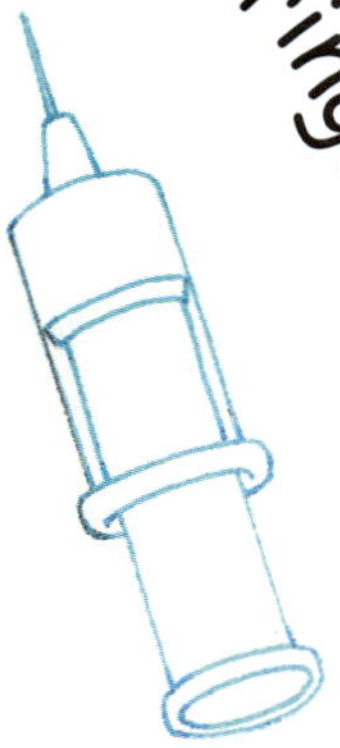

Cruz Roja

muleta

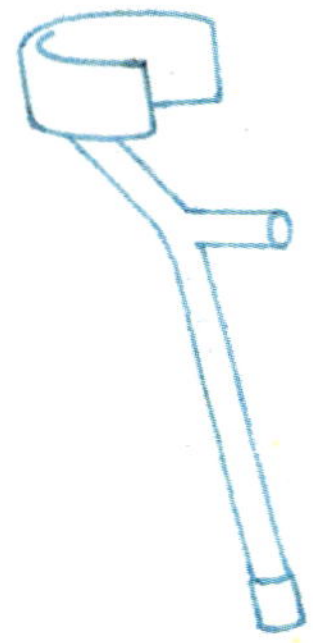

En el hospital nos curan cuando estamos enfermos.

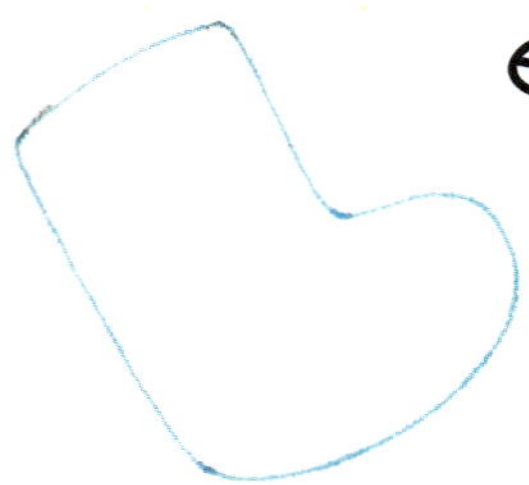

escayola

ambulancia

pluma

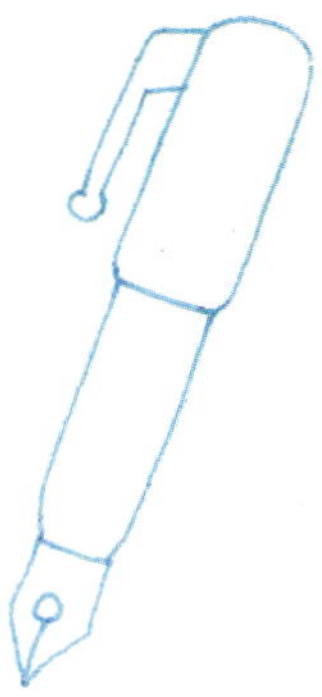

semáforo

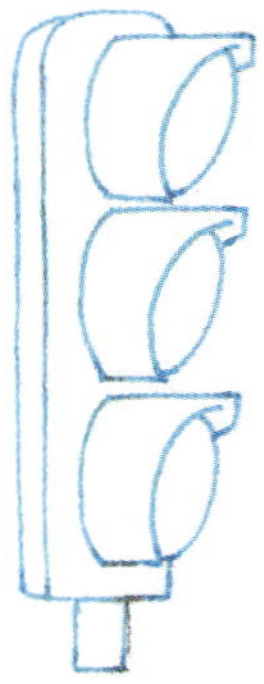

teléfono

ordenador

moto

La calle queda limpia cuando pasa el barrendero.

tarta

escoba

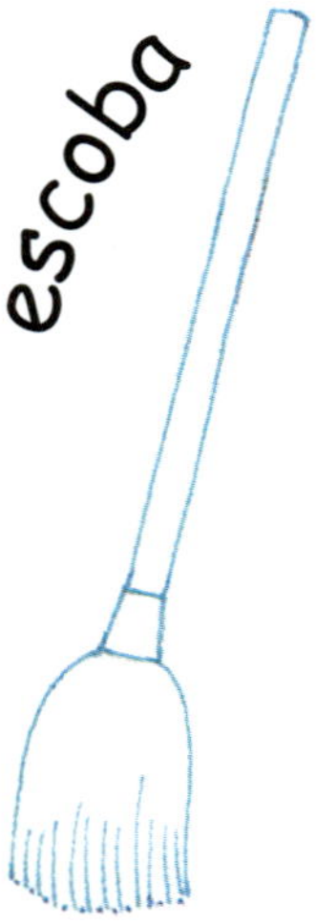

cubo de basura

bolsa de deportes

gafas

...de aventura

¡El pescado del Polo sí que está fresco!

abrigo

pingüino

cesta de peces

iglú

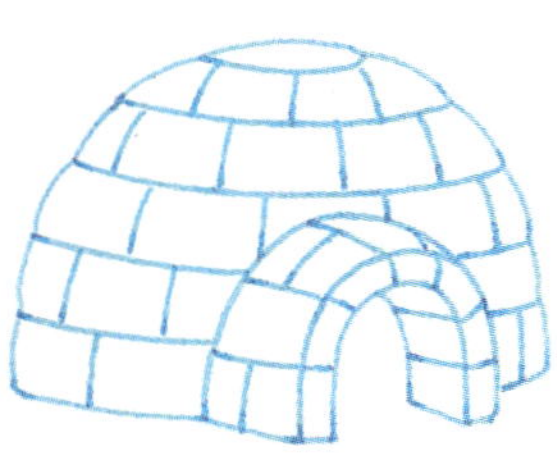

foca

cantimplora

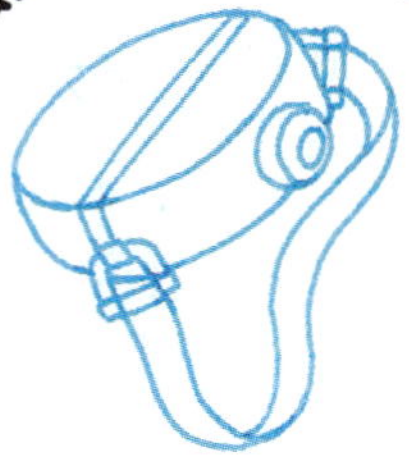

pala

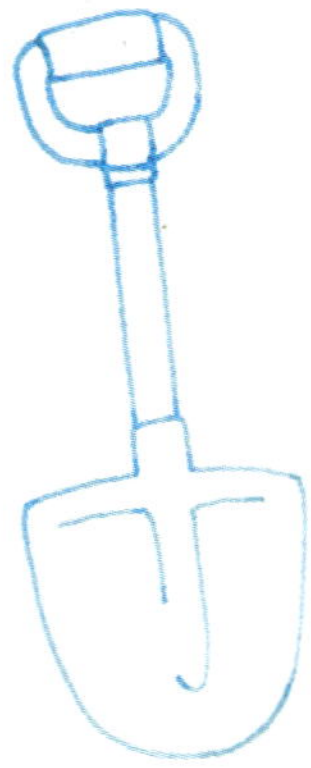

salacot

tienda

dromedario

Bajo las arenas del desierto se encuentran grandes sorpresas.

chilaba

vasijas

alfombra

pirámide

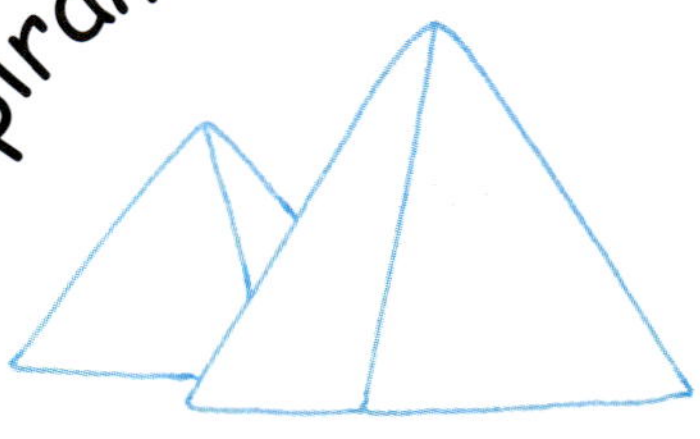

escorpión

piolet

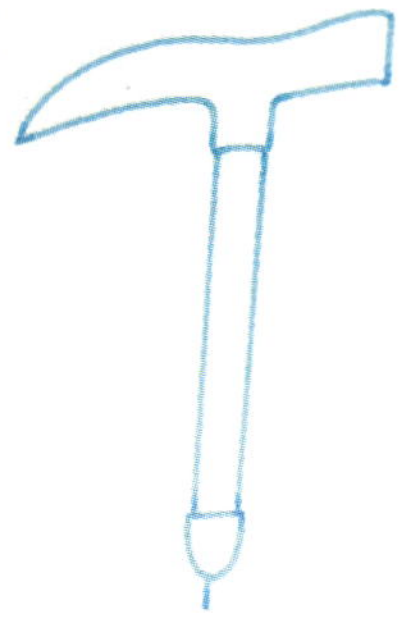

abeto

A las águilas y las cabras les gusta vivir en lo alto de la montaña.

edelweis

cabaña

águila

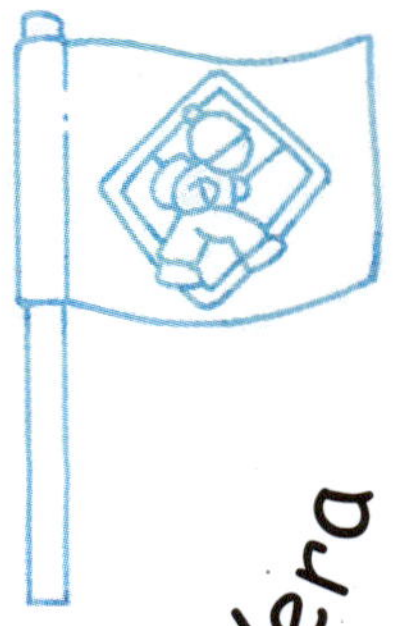

bandera

cabra montés

mochila

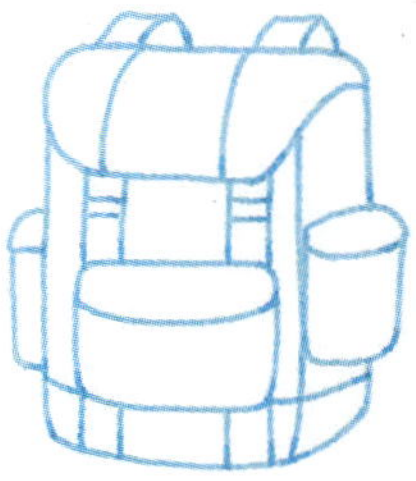

casco de espeleólogo

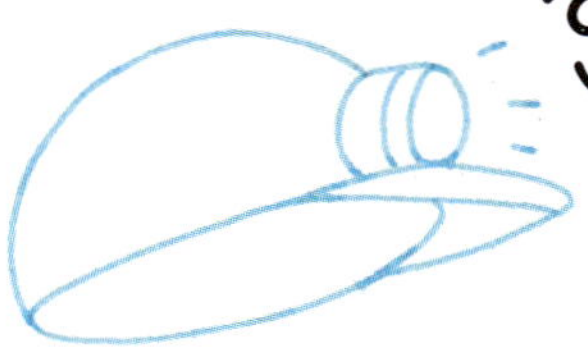

prismáticos

machete

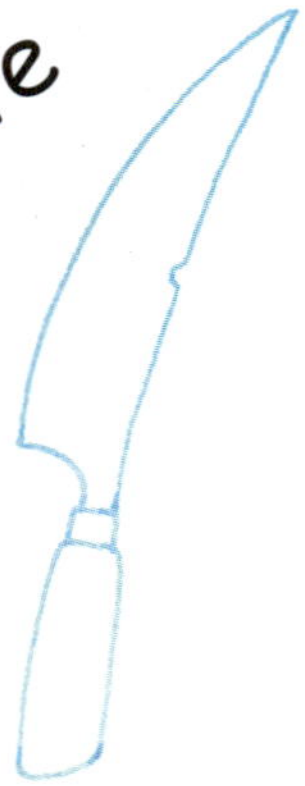

mono

lanza

serpiente

canoa

Hay que tener cuidado
al andar por la selva.
Allí viven animales
peligrosos.

escopeta

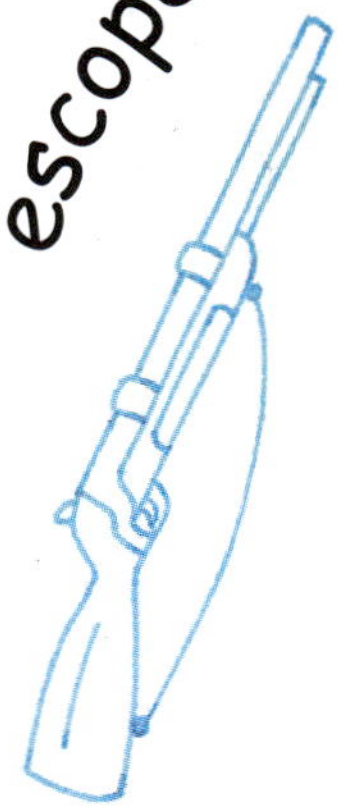

tucán

remo

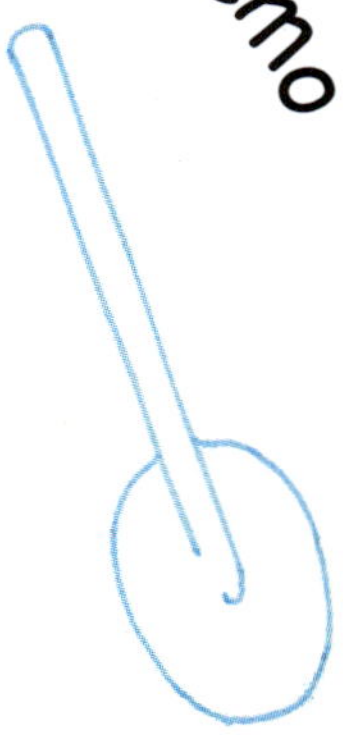

cocodrilo

sombrero

Al fondo del mar fueron a parar viejos barcos cargados de tesoros.

caballito de mar

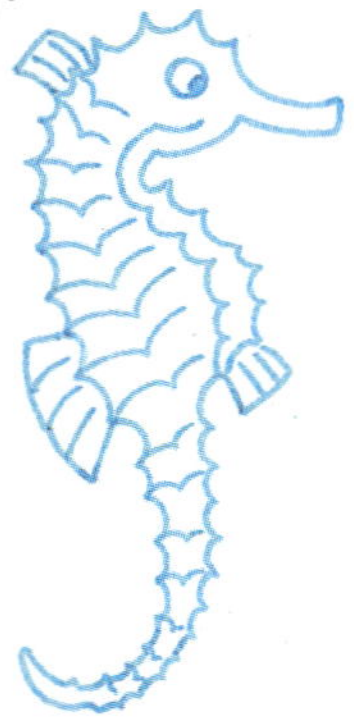

bombonas de oxígeno

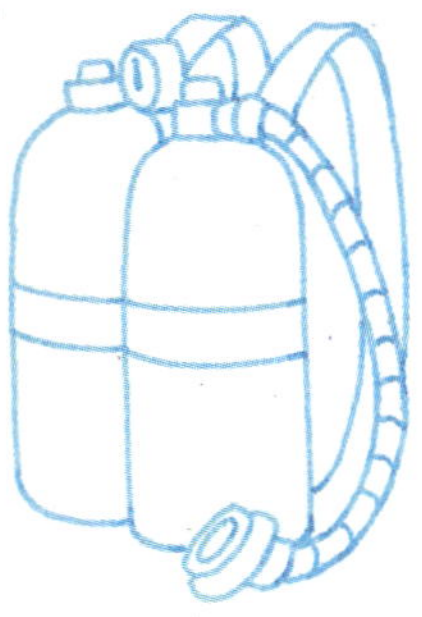

gafas de buceo

cofre

aletas

...de viaje

Da gusto viajar en coche.

espantapájaros

espiga

señal de tráfico

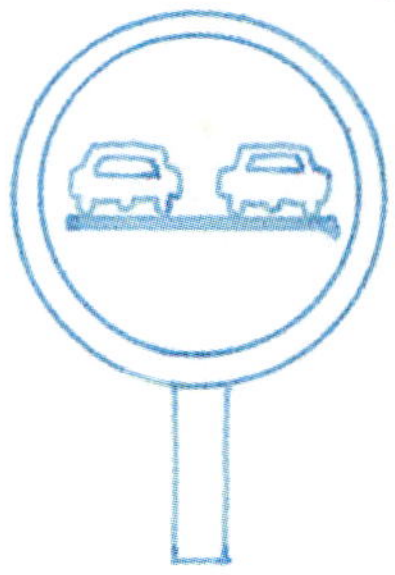

bicicleta

descapotable

sol

palmera

estrella de mar

velero

colchoneta

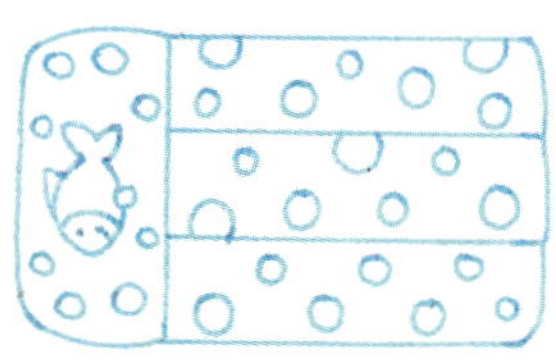

Agua, sol, arena... ¡y a disfrutar de las vacaciones!

ancla

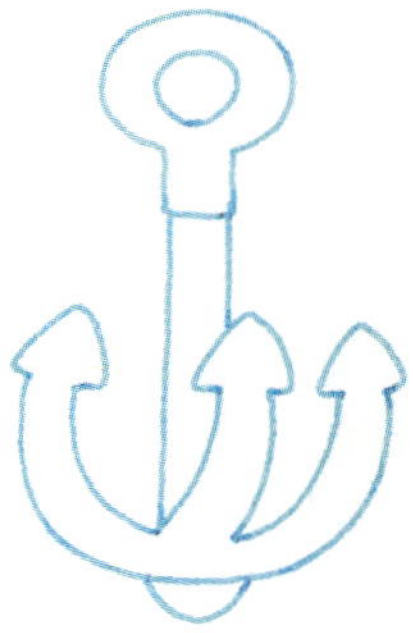

chaleco salvavidas

sombrilla

yate

moto acuática

globo

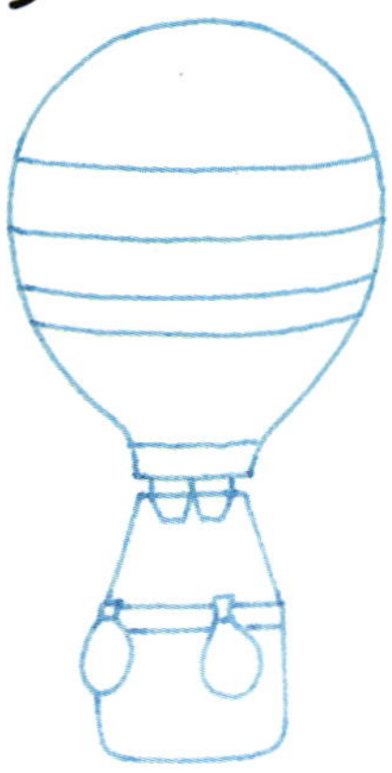

prismáticos

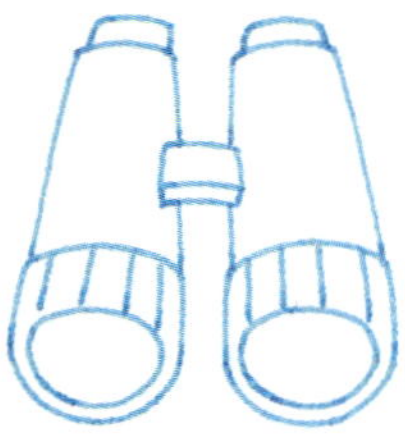

buzón

Volando por los aires como pájaros, ¡qué pequeño se ve todo desde lo alto!

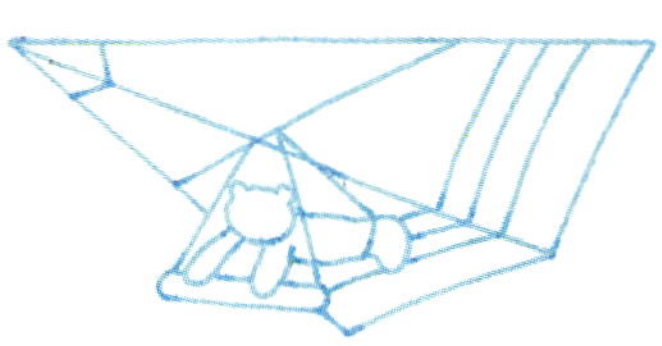

ala delta

pato

lata de aceite

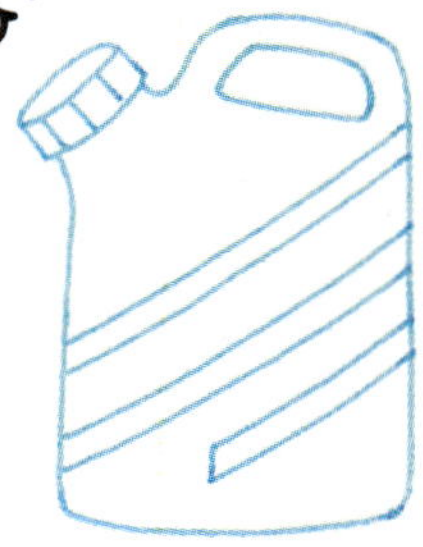

saco

surtidor

camión

avioneta

árbol

molino de viento

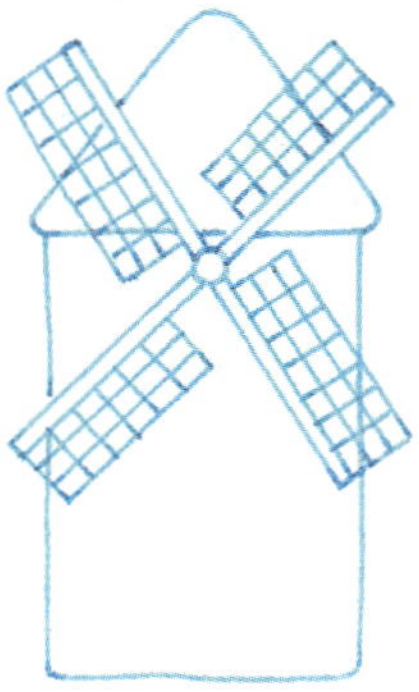

tetera

caravana

barrera

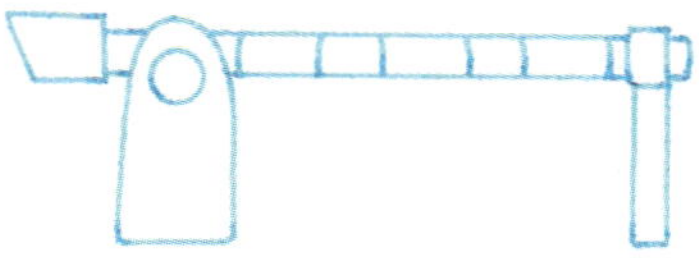

Allá va el viejo tren, lento como una oruga y echando humo.

semáforo

raíles

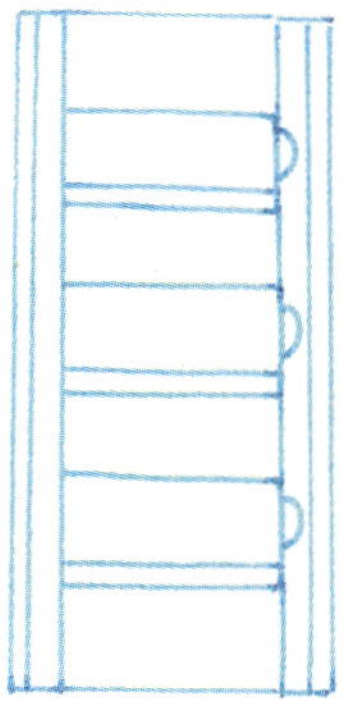

maleta

tractor

tren

Para viajar en moto se necesita un buen casco y un buen piloto.

faro

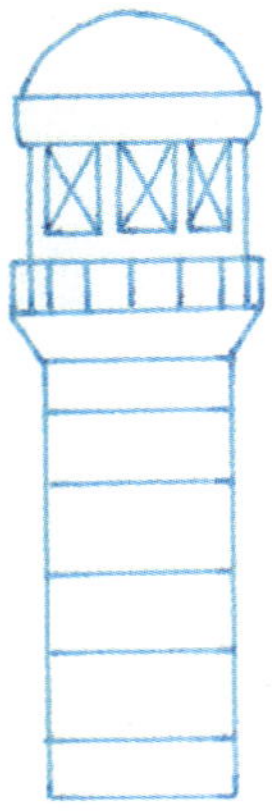

casco

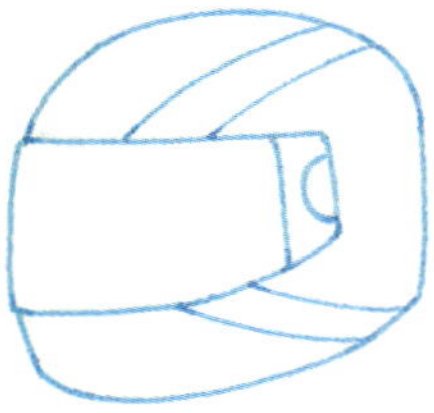

mochila

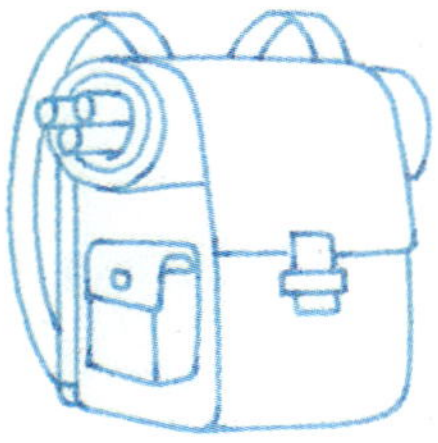

moto

vaca